ENTIENDE TU
Mente y Tu Cuerpo

Asma

Sarah Harvey

VANCOUVER, B.C.

e WWW.ENGAGEBOOKS.COM

Editado por: A.R. Roumanis, Ashley Lee,
Melody Sun, y Sarah Harvey
Diseño por: Mandy Christiansen

Texto establecido en Montserrat Regular.
Títulos de capítulo establecidos en Hobgoblin.

PRIMERA EDICIÓN / PRIMERA IMPRESIÓN

Este libro no pretende reemplazar el consejo de un profesional médico ni ser una herramienta para el diagnóstico. Es una herramienta educativa para ayudar a los niños a entender lo que ellos u otras personas están pasando.

LIBRARY AND ARCHIVES CANADA CATALOGUING IN PUBLICATION

Title: Asthma / Sarah Harvey.
Names: Harvey, Sarah N., 1950- author.
Description: Series statement: Understand your mind and body

Identifiers: Canadiana (print) 20230165257 | Canadiana (ebook) 20230165265
ISBN 978-1-77476-871-6 (hardcover)
ISBN 978-1-77476-872-3 (softcover)
ISBN 978-1-77476-873-0 (epub)
ISBN 978-1-77476-874-7 (pdf)
ISBN 978-1-77878-107-0 (audio)

Subjects:
LCSH: Asthma in children—Juvenile literature.
LCSH: Asthma—Treatment—Juvenile literature.
LCSH: Asthma—Juvenile literature.

Classification: LCC RJ436.A8 H37 2023 | DDC J618.92/238—DC23

This project has been made possible in part
by the Government of Canada.

Canada

Índice

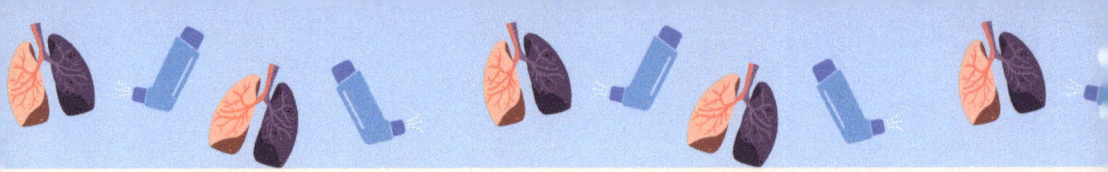

¿Qué es el Asma?

El asma es una condición que dificulta la respiración. Cuando las personas tienen asma, sus vías respiratorias pueden agrandarse o estrecharse. Las vías respiratorias son el medio por el cual el aire entra y sale de los **pulmones**. Se crea una gran cantidad de líquido espeso llamado moco en los pulmones cuando alguien tiene asma.

PALABRA CLAVE

Pulmones: partes del cuerpo en forma de bolsa que sirven para respirar.

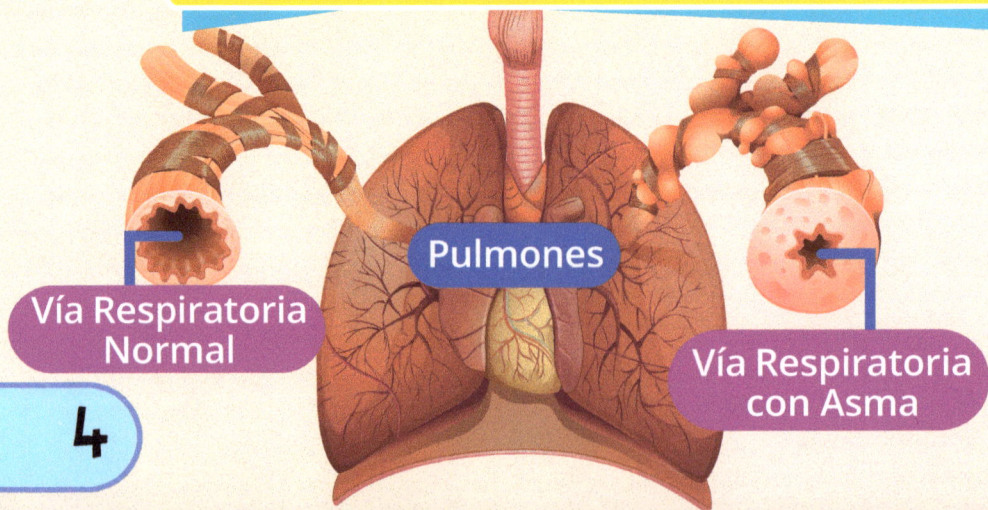

Vía Respiratoria Normal

Pulmones

Vía Respiratoria con Asma

El asma es una enfermedad **crónica** muy común. Las personas no pueden contraerlo como un resfriado. La mayoría de los casos de asma infantil comienzan antes de los cinco años. El asma en adultos puede comenzar en cualquier momento.

PALABRA CLAVE

Crónico: algo que dura por mucho tiempo.

Muchas veces las personas mayores no saben que tienen asma, por lo que no reciben ayuda.

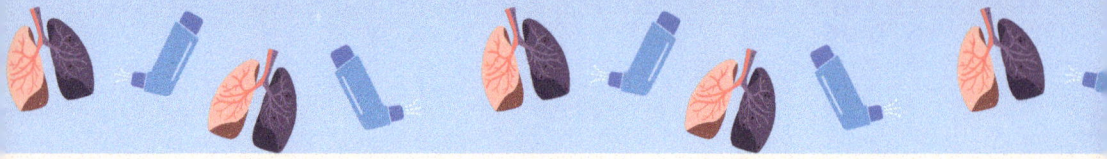

¿Qué Causa el Asma?

No hay una razón simple por la cual algunas personas tengan asma. Puede ser heredado de padre a hijo. Un niño tiene tres veces más probabilidades que el promedio de desarrollar asma si su madre tiene asma.

asma también puede ser causado por desencadenantes. Los desencadenantes son afecciones que irritan las vías respiratorias de una persona. Los desencadenantes son diferentes en cada persona. Algunos desencadenantes comunes son el pelo de las mascotas, la contaminación del aire, el **polen**, el aire frío y el humo.

PALABRA CLAVE

Polen: un polvo fino producido por algunas plantas.

Contraer un resfriado o la gripe también puede desencadenar el asma.

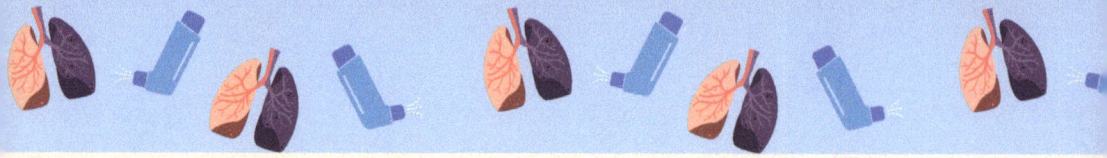

¿Cómo Afecta el Asma a tu Cuerpo?

El asma afecta a los cuerpos de las personas de diferentes maneras. Los **síntomas** más comunes son dificultad para respirar, tos y el silbido en el pecho. También es probable sentir presión o dolor en el pecho.

PALABRA CLAVE

Síntomas: algo que se siente en el cuerpo y que es signo de enfermedad.

Algunas personas tienen estos síntomas todo el tiempo. Otras solo tienen síntomas de vez en cuando. Los síntomas del asma pueden aparecer rápidamente. Esto se llama un ataque o episodio de asma.

¿Cómo Afecta el Asma a tu Mente?

Los síntomas del asma pueden asustar, especialmente la primera vez que aparecen. Cuando alguien siente que no puede respirar, puede asustarse. Las personas con asma pueden preocuparse de que algo vaya a desencadenar su ataque de asma. Esto puede llevar a la **ansiedad**.

PALABRA CLAVE

Ansiedad: sentimientos de preocupación y miedo que son difíciles de controlar.

Las personas con asma tienen que evitar ciertos desencadenantes. Esto puede limitar lo que pueden hacer. Es posible que no puedan realizar ciertas actividades. Es posible que no puedan pasar tiempo con sus amigos tan seguido como deseen. Esto puede causar una enfermedad mental como la **depresión**.

PALABRA CLAVE

Depresión: sentimientos intensos de tristeza y falta de esperanza.

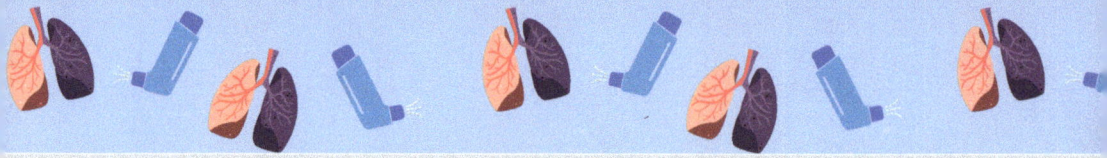

¿El Asma Desaparece?

Los niños con asma pueden tener menos síntomas a medida que crecen. Esto no significa que su asma haya desaparecido para siempre. Aún no existe cura para el asma.

Aproximadamente un tercio de los niños con asma tendrán síntomas en la edad adulta.

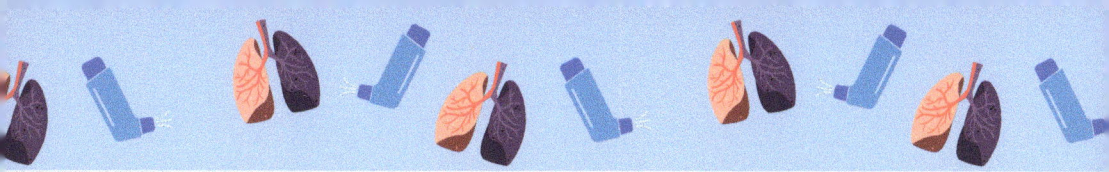

El asma es una afección de por vida. Con la ayuda de médicos y medicamentos, las personas con asma pueden entrar en **remisión**. Las personas que comienzan a tener asma ya de grandes tienen menos probabilidades de entrar en remisión.

PALABRA CLAVE

Remisión: un período de tiempo en el que los signos de una enfermedad desaparecen.

¿Cómo se trata el Asma?

El asma es **tratado** de varias formas. Algunas personas toman pastillas. La mayoría utiliza inhaladores. También se les llama "puffers". El medicamento en un inhalador abre las vías respiratorias para que las personas con asma puedan respirar mejor.

PALABRA CLAVE

Tratado: recibir atención médica.

Hay dos tipos de inhaladores. Uno se usa si necesitas alivio rápido durante un episodio grave de asma. Otro tipo de inhalador se usa todos los días para mantener los síntomas bajo control. Muchas personas usan ambos tipos de inhaladores. Los inhaladores de alivio rápido suelen ser de color azul.

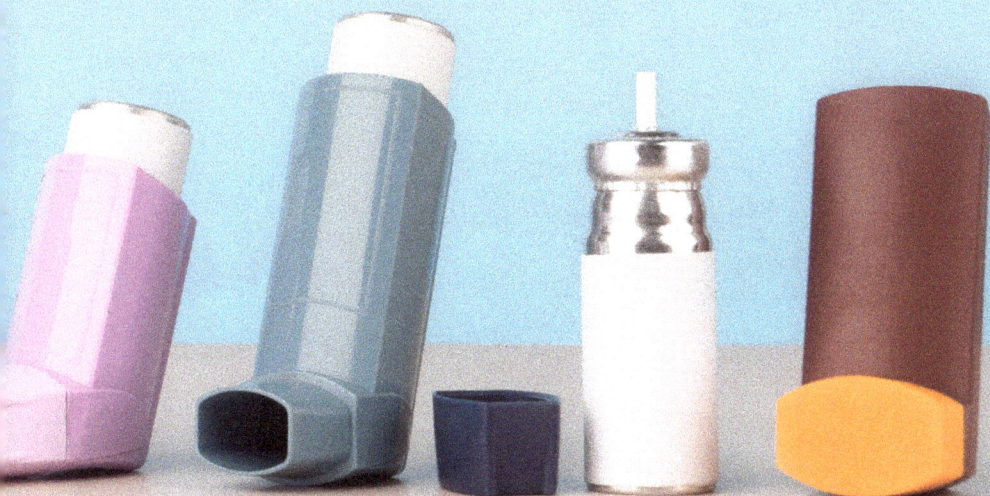

Pedir Ayuda

Si crees que podrías tener asma, pide a un adulto que te lleve al médico. Es muy importante obtener ayuda a tiempo cuando tienes un ataque de asma. Aquí tienes algunos temas para iniciar una conversación:

"No puedo respirar ahora. ¿Puedes conseguir mi inhalador?"

"Tengo asma. El humo es mi desencadenante. ¿Puedes llevarme a otro lugar?"

"Me preocupa que pueda tener un ataque de asma. ¿Puedes buscar ayuda?"

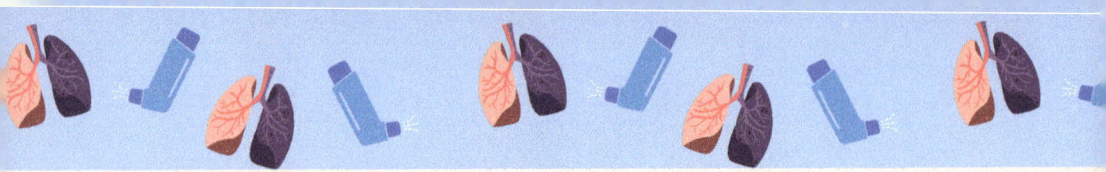

Cómo Ayudar a Otros con Asma

Si alguien que conoces está teniendo un episodio de asma, es importante ayudarlos de inmediato. Aquí tienes algunas formas de ofrecer ayuda:

Encuentra su inhalador

Si alguien que conoces está teniendo un episodio de asma, pregúntales dónde está su inhalador. Ayúdales a encontrarlo y a usarlo.

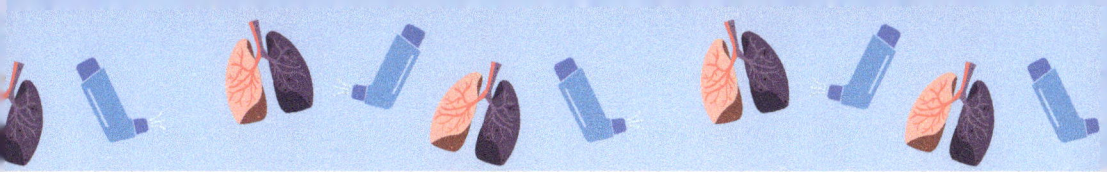

Aléjalos de los desencadenantes

Si sabes qué es lo que ha desencadenado su asma, llévalos lo más lejos posible del desencadenante con el mayor cuidado que puedas.

Mantén la calma

Intenta ayudarlos a mantener la calma. El pánico empeora el asma. Siéntalos de manera recta. Estar acostado dificulta la respiración. Busca a un adulto que te ayude si es necesario.

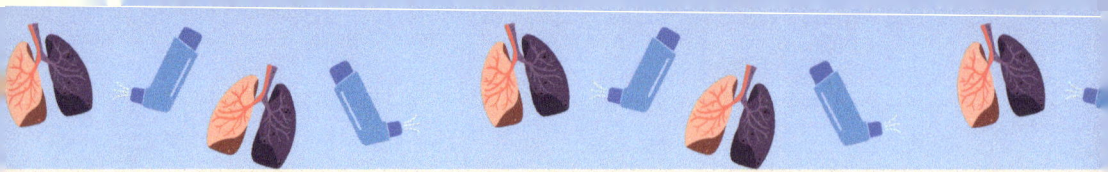

La Historia del Asma

Hipócrates fue un médico griego que vivió hace más de 2,000 años. Fue la primera persona en relacionar los problemas respiratorios con los desencadenantes. La palabra "asma" en griego significa falta de aire.

Un científico llamado Irving Porush creó el inhalador moderno. Salió a la venta en 1957. Desde entonces, ha cambiado la vida de las personas.

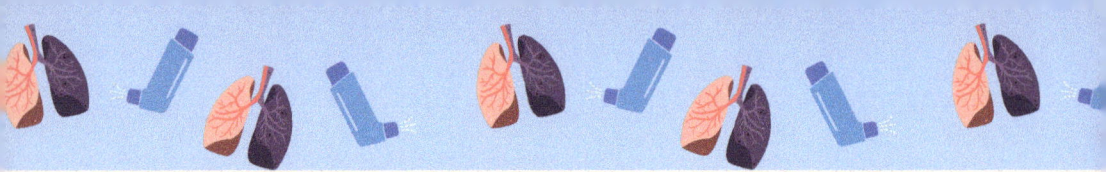

Superhéroes del Asma

Algunas personas eligen hablar abiertamente sobre su asma. Otras no lo hacen. Cada persona debe descubrir lo que le funciona. Aquí tienes algunos superhéroes del asma que están felices de compartir sus experiencias.

La cantante **Pink** ha tenido asma desde que tenía dos años. Eso no la ha detenido para ofrecer emocionantes espectáculos. Ella no necesita un inhalador de manera frecuente. Su asma se desencadenó cuando tuvo COVID-19.

Jerome Bettis jugó al fútbol durante 13 años. Tomaba medicamentos para su asma antes de cada partido. Es la prueba viviente de que tener asma no impide ser un deportista de alto nivel.

La actriz **Priyanka Chopra Jonas** sabe lo que es tener asma. Ahora está trabajando con una empresa farmacéutica de la India para concientizar cómo el asma afecta la vida de las personas.

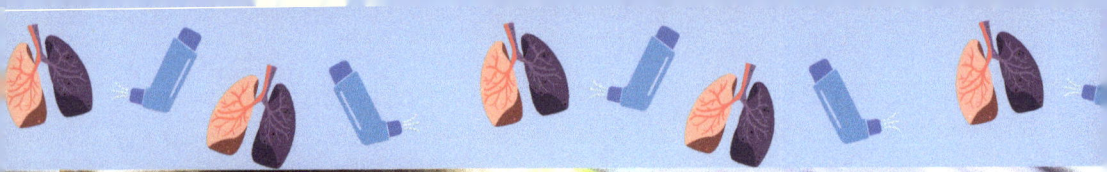

Consejo Número 1 para el Asma: Notar tus Desencadenantes

Presta atención a cuándo tienes síntomas de asma. Observa qué podría desencadenar los síntomas en esos momentos. Podría ser algo en el aire o algo que comes. También puede ser algo que haces, como hacer ejercicio.

Cuando conozcas tus desencadenantes, haz lo posible por evitarlos. Cuéntale a tus padres, amigos y a otros adultos en tu vida cuáles son tus desencadenantes. Pídeles que eliminen los desencadenantes o que te alejen de ellos.

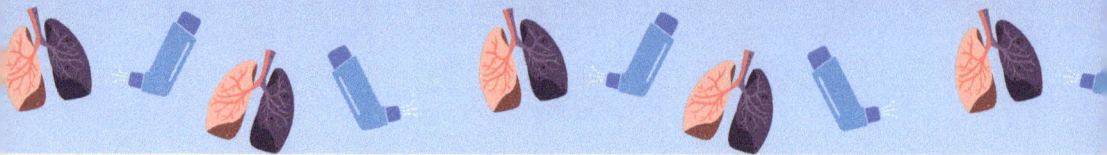

Consejo Número 2 para el Asma: Crear un Plan de Acción para el Asma

Tu médico puede recomendarte que hagas un Plan de Acción para el Asma. Este plan te indica a ti y a otras personas qué hacer cuando tengas síntomas de asma o un episodio de asma. Es una buena idea llevarlo contigo en todo momento.

Puedes pedirle a un adulto que busque un ejemplo en línea y te ayude a crear un plan. Tu plan debe incluir lo siguiente:

1. Tu nombre y el nombre de tu médico.

2. A quién llamar si tu asma es muy grave.

3. Los inhaladores que usas y cómo y cuándo usarlos.

4. Una lista de cosas que desencadenan tu asma.

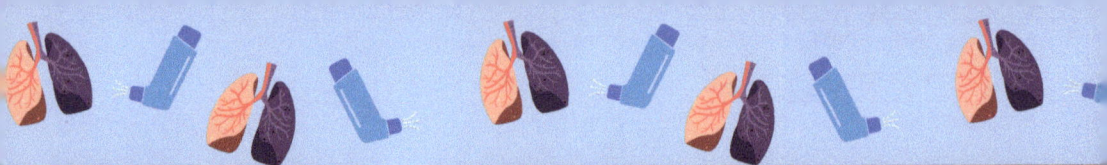

Consejo Número 3 para el Asma: Cuidarse a Uno Mismo

El asma puede hacerte sentir cansado o preocupado. Puede que quieras estar solo o con otras personas. Esto depende de ti. Intenta hacer algo que te haga sentir mejor.

Algunos ejercicios también ayudarán con tu asma. Caminar por la naturaleza, hacer yoga o nadar son algunas buenas opciones. Asegúrate de evitar ejercicios que puedan desencadenar tu asma.

Cuestionario

Pon a prueba tu conocimiento sobre la asma respondiendo a las siguientes preguntas. Las preguntas se basan en lo que has leído en este libro. Las respuestas están listadas en la parte inferior de la siguiente página.

1 ¿Qué es el asma?

2 ¿Cuáles son algunos desencadenantes comunes?

3 ¿Los síntomas del asma pueden aparecer rápidamente?

4 ¿Qué hace el medicamento de un inhalador?

5 ¿Qué es la remisión?

6 ¿Quién creó el inhalador moderno?

Explora Otros Libros de Nivel 3

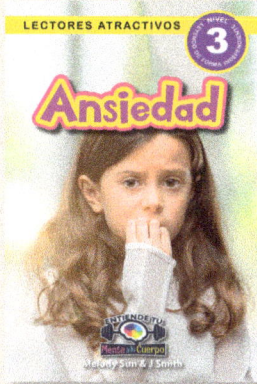

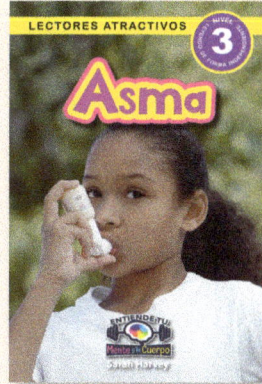

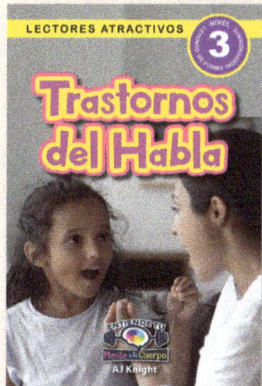

Visita www.engagebooks.com/readers

Respuestas: 1. Una condición que dificulta la respiración 2. Pelo de las mascotas, contaminación del aire, polen, aire frío y humo 3. Yes 4. Abre las vías respiratorias 5. Un período de tiempo en el que los síntomas de una enfermedad desaparecen 6. Un científico llamado Irving

www.ingramcontent.com/pod-product-compliance
Lightning Source LLC
Chambersburg PA
CBHW040226040426
42331CB00039B/3369